AF298259

SUITE

DES EXPÉRIENCES D'ARTILLERIE

EXÉCUTÉES A GAVRE

PAR ORDRE DU MINISTRE DE LA MARINE.

RECHERCHES EXPÉRIMENTALES

SUR

LES DÉVIATIONS DES PROJECTILES.

(CE RAPPORT EST SUIVI D'UN MÉMOIRE SUR LES DÉVIATIONS MOYENNES DES PROJECTILES.)

PARIS.

IMPRIMERIE ROYALE.

MARS 1844.

SUITE

DES EXPÉRIENCES D'ARTILLERIE

EXÉCUTÉES A GAVRE

PAR ORDRE DU MINISTRE DE LA MARINE.

RECHERCHES EXPÉRIMENTALES

SUR

LES DÉVIATIONS DES PROJECTILES.

(Ce rapport est suivi d'un mémoire sur les déviations moyennes des projectiles.)

PARIS.
IMPRIMERIE ROYALE.

1844.

COMPOSITION DE LA COMMISSION.

MM.

Thouvenin, lieutenant-colonel d'artillerie de la marine, président;
Hélie, professeur à l'école d'artillerie de la marine, rapporteur;
De Cornulier, lieutenant de vaisseau, adjoint à la commission;
De Valmont, lieutenant de vaisseau, membre;
Kviler, *idem;*
Favos, capitaine d'artillerie de la marine, membre;
Grassy, *idem;*
Corrard, sous-ingénieur de la marine, membre.

EXPÉRIENCES

RELATIVES

AUX DÉVIATIONS ET AUX PORTÉES DES PROJECTILES

DANS LE TIR A LA MER.

***

§ Ier.

OBJET DES EXPÉRIENCES.

L'objet principal des expériences dont on va rendre compte était de rechercher les déviations qu'éprouvent les projectiles dans le tir à la mer. On voulait surtout savoir à quelles distances ces déviations sont d'une telle grandeur qu'on ne peut plus compter sur l'efficacité du tir.

Il était à propos de profiter de cette circonstance pour vérifier l'exactitude d'une opinion émise par divers auteurs, et d'après laquelle les portées à la mer seraient inférieures à celles qu'on obtient sur terre. Si cette opinion était fondée, la marine ne pourrait se servir avec confiance des tables de tir calculées par la commission de Gavre, puisque ces tables sont toutes déduites des expériences exécutées à terre. A la vérité, on ne peut citer à l'appui aucun fait précis, car on ne s'est jamais occupé, du moins en France, de déterminer par des expériences exactes les portées à la mer; mais l'importance de la question et la juste autorité qu'impose le nom des auteurs prescrivent de dissiper tous les doutes à cet égard.

On a opéré successivement sur un canon de 30 long et un obusier de 0^m,22 n° 1. Avec le premier on s'est servi de boulets massifs, avec le second on a fait usage de boulets creux.

Des expériences analogues ont déjà été exécutées, en 1843, sur un obusier de 0^m,22 n° 1, par une commission spéciale dont le rapport a été inséré dans les Annales maritimes de 1843. Les résultats obtenus par cette commission seront rappelés dans le cours de ce rapport.

§ 2.

BOUCHES À FEU.

1° CANON DE 30 LONG.

Signalement : Ruelle, 1832, n° 2. Poids 3,111 kilog.
L'âme très-régulière.

Diamètre de l'âme.............................. 0^m,1647
Diamètre de la lumière........................ 0 ,0060

2° OBUSIER DE 0^m,22 N° 1.

Signalement : Ruelle, 1834, n° 20. Poids 3,700 kilog.
L'âme très-régulière.

Diamètre de l'âme.............................. 0^m,2235
Diamètre de la lumière........................ 0 ,0058

Dans l'une et l'autre pièce l'excentricité était nulle.

§ 3.

PROJECTILES.

	BOULETS MASSIFS de 30.	BOULETS CREUX de 0^m,22.
Diamètre de la grande lunette.....	0^m 1602	0^m 2211
Diamètre de la petite lunette.....	0 ,1585	0 ,2188

Les boulets creux étaient ensabotés comme à l'ordinaire ; la fusée était remplacée par une cheville en bois dont la saillie extérieure était de 0^m,011, et dont le petit bout touchait le fond de la chambre. Dans la chambre, on mettait un mélange de sable et de sciure de bois pesant uniformément 1^k,760, et ayant à peu près la densité de la poudre.

§ 4.

POUDRE.

Signalement des barils : Ripault, 1842 ; portée au mortier-éprouvette, 231 mètres ; vitesse au fusil pendule, 496 mètres. Essayée à Lorient, cette poudre a donné au mortier-éprouvette une portée de 255^m,3.

Les gargousses étaient en papier-parchemin.

Diamètre du mandrin pour les gargousses.... { Du canon de 30................... 0^m,168
{ De l'obusier de 0^m,22.......... 0 ,141

Les charges ont été pesées en présence des membres de la commission.

§ 5.

MOYENS DE POINTAGE.

On se servait de hausses. Un petit guidon était fixé par des vis au point le plus élevé de la volée. A la culasse était adaptée une boîte en cuivre, qui s'appuyait sur l'anneau de brague. Un curseur vertical, mobile dans cette boîte, et portant à sa partie supérieure un cran, était maintenu à la hauteur convenable par une vis de pression. La ligne de mire passait par le fond du cran et le sommet du guidon.

	CANON DE 30.	OBUSIER DE 0^m,22.
Distance du devant de la tige au sommet du guidon....	2^m 789	2^m 508
Différence des distances de l'axe de la pièce à la surface supérieure de la boîte et au sommet du guidon....	0 ,0715	0 ,0613

D'après ces données et celles qui sont fournies par les tables de tir calculées en 1838 par la commission de Gavre, il était facile de déterminer dans chaque cas particulier les hausses qu'il convenait d'adopter.

On a employé successivement pour chaque bouche à feu deux tiges différentes; la plus longue ne servait que pour les grandes distances. Ces tiges et leurs boîtes ont parfaitement résisté au tir.

§ 6.

LIGNE DE TIR.

La ligne du tir était dirigée de l'ouest à l'est; elle était indiquée par deux mâts placés, l'un sur la batterie verte, et l'autre à 1,000 mètres à l'occident du premier. Des jalons, distants entre eux de 20 mètres, étaient placés entre les deux mâts.

Le ponton qui portait les bouches à feu était mouillé à l'ouest du mât occidental; on lui a donné successivement deux positions différentes : l'une à 949 mètres, l'autre à 1,640 mètres de ce mât. Dans le premier cas, la partie de la trajectoire située au-dessus de la mer était de 800 mètres environ; dans le second cas, elle avait une longueur de 1,500 mètres.

Pour déterminer, dans chacune de ces positions, la distance du ponton au mât occidental, on a tracé sur le terrain une base de 500 mètres, perpendiculaire à la ligne de tir, et l'on a mesuré avec un sextant les trois angles du triangle formé par les extrémités de cette base et le pavillon du ponton ; cela fait, il était facile d'obtenir la distance du ponton à la base.

§ 7.

PONTON.

Le ponton avait déjà servi aux expériences de 1842. Il était à fond plat et avait la forme d'un parallélipipède rectangle. Longueur $18^m,56$; largeur $7^m,52$; creux $1^m,78$. La hauteur de la bouche à feu au-dessus de la surface de l'eau était de 2 mètres environ.

Un oscillomètre servait à mesurer l'amplitude des mouvements de roulis et de tangage. On notait encore leur durée à l'aide d'une montre à secondes.

Par suite de la forme du ponton, les mouvements étaient beaucoup plus brusques qu'ils ne le seraient à bord des bâtiments ordinaires. Cette circonstance augmentait nécessairement les difficultés du pointage.

§ 8.

OBSERVATIONS MÉTÉOROLOGIQUES.

Chaque jour de tir on observait la direction du vent, la hauteur du baromètre et celle du thermomètre. Les hauteurs barométriques rapportées dans les tableaux ont subi les deux corrections relatives à la capillarité et à la température.

	JOUR de l'épreuve.	THERMOMÈTRE.	BAROMÈTRE.	DIRECTION DU VENT.	AMPLITUDE MOYENNE	
					au tangage.	au roulis.
CANON DE 30 LONG. Boulets massifs. Charge 5 kilog.	3 juin.....	17.5	$0^m 753$	S. fort.	5°	8°
	7 juin.....	16.3	0.7635	S.O. fort.	3	8
	14 juin.....	20.5	0.7619	E.N.E. faible.	3	3
	15 juin.....	22.3	0.7633	N.	Mouvement très-faible.	"
OBUSIER DE $0^m,22$ n° 1. Boulets creux. Charge $3^k,5$.	12 juin.....	17.5	0.753	N.N.E.	3	3
	13 juin.....	18.0	0.7604	N.E.	Mouvement très-faible.	"
	16 juin.....	20.0	0.7612	N.N.O.	3	6
	27 juin.....	18.0	0.7605	O.S.O.	2	4

§ 9.

EXÉCUTION DU TIR.

Les bouches à feu étaient servies par des marins des équipages de ligne, et, dans l'exécution du tir, on ne s'écartait en rien de ce qui se pratique d'ordinaire.

Le pointeur dirigeait toujours la ligne de mire sur le pavillon du mât de la batterie verte. C'était un sous-officier des équipages de ligne, fort habile dans ce genre d'opération. Il avait déjà rempli le même office lors des opérations de 1842.

Après chaque coup, un piquet numéroté était placé au point de chute. Dès que le tir était terminé, on mesurait la portée et la déviation latérale rapportée à la ligne tracée sur le terrain.

§ 10.

RÉSULTATS MOYENS DES EXPÉRIENCES.

Dans le tableau suivant, les distances latérales sont successivement rapportées à la ligne de tir et à une autre ligne qu'on peut appeler *direction moyenne du tir*, et déterminée de telle sorte que la somme des déviations à droite soit égale à la somme des déviations à gauche. Lorsque le nombre des coups est très-considérable et qu'il n'existe aucune cause constante qui tende à faire dévier les boulets dans un certain sens, ces deux lignes coïncident.

DURÉE de vingt oscillations.	HAUSSE.	PORTÉE.	DÉVIATION LONGITUDINALE		ÉCART de la direction moyenne du tir.	DÉVIATION latérale observée rapportée à la		DÉVIATION latérale extrême rapportée à la direction moyenne.	NOMBRE de coups.
			moyenne.	extrême.		direction moyenne.	Ligne de tir.		
35°	$0^m 061$	$1,328^m$	164^m	395^m	$10^m 0$ à gauche.	$5^m 7$	$10^m 2$	13^m	20
33	0.119	1,542	184	435	12.5 à gauche.	9.7	13.5	19	20
"	0.158	1,810	70	196	2.4 à droite.	6.2	6.9	15	20
"	0.248	2,038	64	209	13.4 à droite.	8.8	15.2	23	20
"	0.131	1,251	60	164	8.1 à droite.	5.0	8.9	12	20
"	0.214	1,549	36	162	1.23 à gauche.	8.3	5.9	23	20
40	0.323	1,990	102	192	1.26 à droite.	18.7	19.0	43	20
40	0.378	2,366	113	295	3.4 à gauche.	20.2	22.5	66	20

§ 11.

INFLUENCE DU VENT SUR LA DIRECTION DES PROJECTILES.

L'écart de la direction moyenne a généralement eu lieu du côté vers lequel le vent souf-
flait; on peut s'en convaincre en jetant les yeux sur le dessin placé à la suite de ce rapport:
le tir du 13 juin fait seul exception à cet égard, et, ce jour-là la brise était modérée.

De ces faits, il est naturel de conclure que le vent exerce une influence sensible sur la
direction des projectiles; toutefois le tir du 13 juin montre que l'écart de la direction
moyenne ne représente pas exactement l'action du vent; il se peut faire, en effet, qu'une
autre cause tende à faire dévier les boulets dans un sens constant, et d'ailleurs, lors même
que de pareilles causes n'existent pas, la direction moyenne de 20 coups ne coïncide pas
nécessairement avec la ligne de tir.

§ 12.

CONSIDÉRATIONS GÉNÉRALES SUR LES DÉVIATIONS.

Lorsqu'on rapporte les déviations latérales à la direction moyenne du tir, on se propose
surtout de se débarrasser des causes qui tendent à porter les boulets toujours dans le même
sens; alors la valeur que l'on trouve pour la déviation moyenne est la plus petite possible,
d'après les données de l'observation.

Si, pour chaque projectile en particulier, le sens de la déviation était le même que celui
de l'écart initial, la déviation moyenne serait proportionnelle à la distance; mais on sait
qu'elle croît plus rapidement.

Si, au contraire, le sens de chaque déviation était toujours déterminé par la force déviatrice, la déviation moyenne, supposée déduite d'un très-grand nombre de coups, serait indépendante des diverses valeurs de l'écart initial; mais une pareille hypothèse ne se réalisera
jamais complétement.

Lors donc que l'on considère les déviations moyennes données par l'expérience comme le
résultat de la seule action des forces déviatrices, on doit nécessairement trouver pour ces
forces des valeurs un peu au-dessus de la réalité; mais, par là même, l'erreur de l'hypothèse
admise se trouve corrigée: autrement, les tables des déviations se rapporteraient à un état de
choses tout à fait idéal, et pourraient même induire en erreur dans les applications qu'on
voudrait en faire à la pratique.

Les forces déviatrices varient entre des limites qui dépendent de l'état des projectiles; elles
peuvent prendre d'ailleurs toutes les inclinaisons possibles. Il résulte évidemment de là que
les valeurs des déviations moyennes ne peuvent être obtenues qu'à l'aide d'un nombre de
coups extrêmement considérable.

DÉVIATIONS MOYENNES DES BOULETS CREUX DE 0^m,22, D'APRÈS LES EXPÉRIENCES DE GAVRE.

EXAMEN DES DÉVIATIONS MOYENNES LATÉRALES DES BOULETS CREUX DE 0^m,22.

Dans le tableau suivant, on a réuni les résultats obtenus en 1842 et 1843. Les déviations sont rapportées à la direction moyenne.

ANNÉES.	AMPLITUDE		DURÉE de 20 OSCILLATIONS.	PORTÉE.	DÉVIATION MOYENNE.		NOMBRE de COUPS.
	DU ROULIS.	DU TANGAGE.			1842.	1843.	
1842	8°	2°	37″	1,211^m	4^{m}7	″	10
1843	3	3	″	1,251	″	5^{m}0	20
1842	5	2	40	1,521	15,7	″	10
1843	″	″	″	1,549	″	8,3	20
1843	6	3	40	1,990	″	18,7	20
1842	8	2	29	2,073	28,2	″	10
1843	4	2	40	2,266	″	20,2	20
1842	3° 30′	2° 40′	29	2,420	48,0	″	10
1842	6°	2 30	29	2,740	61,0	″	10
1842	4	2	29	2,818	93,0	″	10

C'était le même pointeur qui dirigeait la bouche à feu en 1842 et en 1843; mais les procédés de pointage étaient différents. En 1842, on se servait d'un appareil adapté à l'affût, et dont on peut voir la description dans les Annales maritimes de 1843, page 1026.

Pour mieux apprécier les résultats consignés dans le tableau, il est à propos de tracer deux courbes, ayant pour abscisses les distances, et pour ordonnées, l'une, les déviations de 1842, l'autre, celles de 1843 : c'est ce que l'on a fait dans un dessin placé à la suite de ce rapport. Par là on reconnaît facilement les irrégularités dont chaque série d'expériences est affectée, surtout si l'on observe que la déviation, croissant plus rapidement que la distance toute droite qui joint deux points quelconques d'une même courbe, doit toujours passer au-dessous du point de départ. Ainsi, par exemple, dans les expériences de 1843, l'ordonnée à 2,266 mètres se trouve trop petite, si on la compare à celle qui correspond à 1,990 mètres.

Il est à remarquer que les déviations observées en 1842 sont toutes supérieures à celles de 1843. Cette circonstance peut être attribuée au mode de pointage moins exact employé en 1842, et aux anomalies inévitables résultant du petit nombre de coups tirés à chaque distance dans l'une et l'autre série d'expériences.

Les déviations déduites des expériences exécutées à Gavre, antérieurement à 1840, sont précisément intermédiaires entre celles de 1842 et celles de 1843; elles sont rapportées dans le tableau suivant.

2

DÉVIATIONS MOYENNES DES BOULETS CREUX DE $0^m,22$, D'APRÈS LES EXPÉRIENCES DE GAVRE.

DISTANCES (mètres).	600.	800.	1,000.	1,200.	1,400.	1,600.	1,800.	2,000.	2,200.	2,400.	2,600.
Obusier de $0^m,22$ n° 1..... Charge $3^k,50$.	$1^m,5$	$2^m,7$	$4^m,4$	$6^m,6$	$9^m,4$	$12^m,9$	$17^m,1$	$22^m,1$	$28^m,1$	$35^m,1$	$43^m,3$

§ 14.

EXAMEN DES DÉVIATIONS LATÉRALES DES BOULETS DE 30.

Dans le tableau suivant, les déviations sont rapportées à la direction moyenne du tir.

AMPLITUDE		DURÉE de 20 OSCILLATIONS.	PORTÉE.	DÉVIATION MOYENNE.	NOMBRE de COUPS.
DU TANGAGE.	DU ROULIS.				
5°	8°	35"	$1,328^m$	5^m7	20
3	8	33	1,542	9,7	20
3	3	"	1,810	6,2	20
"	"	"	2,038	8,8	20

L'inspection de la courbe, qui a pour abscisses les distances et pour ordonnées les déviations, fait voir que les divers résultats obtenus ne s'accordent point entre eux ; la troisième et la quatrième déviation sont beaucoup trop petites, ou bien la première et la deuxième sont trop fortes.

Il est à observer que l'état de la mer était beaucoup plus calme dans les deux derniers tirs ; mais, sans doute, les différences observées ne sont pas dues uniquement à cette seule circonstance ; elles dépendent aussi, en partie, des anomalies du tir, car il n'est pas probable que, dans une série de 20 coups, les valeurs des forces déviatrices et leurs inclinaisons soient variées de telle sorte qu'on obtienne précisément leur effet moyen.

Si l'on rejetait cette manière de voir, et si l'on ne voulait attribuer qu'à l'état de la mer les irrégularités que l'on vient de signaler, il conviendrait, du moins, d'avertir les praticiens que les déviations trouvées aux deux dernières distances ne peuvent être obtenues que par une belle mer et à l'aide d'un pointeur extrêmement habile. Cette observation serait d'autant plus nécessaire, qu'en rapportant les déviations à la direction moyenne du tir, on a réduit la déviation moyenne à sa moindre valeur (§ 12).

La table déduite des expériences exécutées à Gavre, antérieurement à 1840, donne une courbe qui, passant à peu près par le premier des quatre points déterminés par le tableau précédent, laisse au-dessus d'elle le second, et dans le reste de son cours se trouve au-dessus du troisième et du quatrième.

Voici en effet cette table :

DISTANCES (mètres).	600.	800.	1,000.	1,200.	1,400.	1,600.	1,800.	2,000.	2,200.	2,400.
Déviations moyennes. . . . Charge, $5^k,00$.	$1^m,0$	$1^m,9$	$3^m,1$	$4^m,7$	$6^m,7$	$9^m,1$	$12^m,0$	$15^m,5$	$19^m,5$	$24^m,5$

§ 15.

CONCLUSIONS RELATIVES AUX DÉVIATIONS.

Il résulte des faits qui précèdent que, dans le tir à la mer, les déviations moyennes ne surpasseront pas, en général, celles qui sont données par les tables déduites des expériences de Gavre, du moins lorsque le pointeur sera un homme exercé.

§ 16.

PORTÉES.

Il a été dit, § 9, que le pointeur dirigeait toujours la ligne de mire sur le pavillon du mât de la batterie verte. De la hausse employée dans chaque tir, on peut donc conclure l'angle que l'axe de la pièce faisait avec la ligne qui joignait le point de départ au centre de ce pavillon; mais ce point étant élevé d'environ 14 mètres au-dessus du terrain sur lequel tombaient les boulets, il faut à l'angle ainsi obtenu joindre un petit angle additionnel pour avoir l'inclinaison de l'axe de la bouche à feu sur la ligne menée du point de départ au point de chute.

Comme on tirait à mi-jusant, la hauteur du point de départ variait peu pendant le tir, dont la durée n'a pas généralement excédé une heure. Le mât de la batterie verte était à 2,100 mètres de la première station du ponton et à 2,600 mètres de la seconde.

Par suite du peu d'élévation du terrain au-dessus du niveau de la mer, on ne commettra qu'une bien légère erreur en considérant la ligne menée du point de départ au point de chute comme sensiblement horizontale. Dès lors l'angle additionnel sera de 23' pour la première station du ponton, et de 18' pour la seconde.

§ 17.

PORTÉES DU CANON DE 30 LONG.

Inclinaison de l'axe de la pièce sur la ligne menée du point de départ au point de chute.	$3° 5' 48''$	$4° 17' 50''$	$5° 48' 40''$	$6° 50' 2''$
Portée de 1843.	$1,328^m$	$1,542^m$	$1,810^m$	$2,038^m$
Portée d'après les tables de Gavre.	1,239	1,576	1,857	2,054

Sous l'inclinaison de 3° 5′ 48″, la portée obtenue à la mer surpasse la portée donnée par les tables d'une quantité notable. Le contraire a lieu sous les trois autres inclinaisons, mais les différences sont bien plus petites.

On voit qu'il n'y a ici aucune raison de supposer que les portées à la mer soient inférieures à celles que l'on obtient à terre.

§ 18.

PORTÉES DE L'OBUSIER DE 0ᵐ,22 N° 1.

Inclinaison de l'axe de la pièce sur la droite menée du point de départ au point de chute...............................	4° 46′ 17″	6° 41′ 28″	8° 47′ 50″	10° 4′ 50″
Portée de 1843...................................	1,251ᵐ	1,549ᵐ	1,990ᵐ	2,266ᵐ
Portée d'après les tables de Gavre...................	1,244	1,540	1,844	2,018

Les quatre portées obtenues à la mer sont *supérieures* aux portées correspondantes données par les tables. Sous les deux premières inclinaisons, les différences sont insignifiantes, mais les deux autres ne laissent pas que d'être assez fortes.

Le principe de l'infériorité des portées à la mer se trouve donc ici formellement contredit, mais il n'en faudrait tirer aucune conclusion contraire. Que l'on prenne, en effet, les résultats obtenus en 1842 (1) :

Inclinaison de l'axe de la pièce sur la ligne menée du point du point de départ au point de chute..................	5° 23′	7° 41′	10° 19′	12° 58′
Portée de 1842.................................	1,211ᵐ	1,521ᵐ	2,073ᵐ	2,420ᵐ
Portée donnée par les tables........................	1,345	1,685	2,048	2,398

Sous les deux premières inclinaisons, les portées des tables sont supérieures; le contraire a lieu sous les deux autres, et les deux dernières différences sont bien petites.

§ 19.

CONCLUSIONS RELATIVES AUX PORTÉES A LA MER.

Des faits qui précèdent on peut conclure que, toutes choses égales d'ailleurs, les bouches à feu donnent les mêmes portées à la mer que sur terre. La marine peut donc se servir des tables de tir construites d'après les expériences de Gavre (2).

---

(1) Aux angles indiqués dans le rapport de la commission de 1842, on a ajouté les corrections additionnelles mentionnées dans le § 12. Les stations du ponton étaient, en effet, à peu près les mêmes qu'en 1843. Les deux mâts étaient aussi les mêmes et placés de la même manière.

(2) On trouve, à la vérité, à la page 131 de l'ouvrage de M. le lieutenant-colonel Piobert, un tableau dans lequel les portées de but en blanc des bouches à feu sur terre et sur mer sont mises en regard; mais les valeurs des portées sur mer, extraites d'un ancien manuel de canonnage, ne sont le résultat d'aucune expérience connue.

On voit en même temps combien il est important de n'accueillir qu'avec réserve les résultats déduits de quelques tirs particuliers. Les valeurs des portées moyennes ne peuvent être regardées comme exactes qu'autant qu'elles sont obtenues à l'aide d'un grand nombre de coups. Dans le calcul des tables de tir, on a cherché à remédier à cet inconvénient en opérant à la fois sur le système entier des bouches à feu de la marine, et corrigeant ainsi les unes par les autres les portées données par les diverses pièces.

§ 20.

EFFETS DESTRUCTEURS DES PROJECTILES À DIVERSES DISTANCES.

Les effets destructeurs des boulets massifs peuvent être appréciés à l'aide de leurs pénétrations dans le bois de chêne. Il n'en est pas de même pour les boulets creux. Cependant le tir de ces projectiles n'aura toute l'efficacité dont il est susceptible, qu'autant qu'ils conserveront assez de vitesse pour se loger dans les murailles des navires.

Les données et les formules que l'on trouve dans la première partie des expériences de Gavre, et notamment dans le chapitre 21, fourniront les moyens de construire une table des pénétrations des projectiles dans le bois de chêne à diverses distances. Il convient cependant de remarquer que ces calculs ne doivent être regardés que comme approximatifs.

TABLE DES PÉNÉTRATIONS DES PROJECTILES DANS LE BOIS DE CHÊNE.

BOUCHE À FEU.	PROJECTILE.	CHARGE.	DISTANCES (mètres).							
			1,000.	1,200.	1,400.	1,600.	1,800.	2,000.	2,200.	2,400.
Canon de 30 long...	Boulet massif.	5ᵏ 00	0ᵐ64	0ᵐ54	0ᵐ44	0ᵐ37	0ᵐ30	0ᵐ25	0ᵐ20	0ᵐ16
Obusier de 0ᵐ22 n° 1.	Boulets creux.	3 50	0 42	0 34	0 28	0 22	0 18	0 14	0 11	0 09

On sait d'ailleurs, par les expériences exécutées à Gavre en 1836, qu'un projectile ne reste logé dans une muraille en bois de chêne qu'autant qu'il y pénètre d'une quantité à peu près égale à son diamètre (1).

---

(1) Pendant le cours des expériences objet de ce rapport, un boulet de 30 a atteint, après un ricochet, une poutre en bois de chêne, plantée verticalement dans le sol à 2,600 mètres de la bouche à feu. Le projectile s'est réfléchi, en laissant sur la poutre une empreinte d'environ 0ᵐ,16 de diamètre. La pénétration était donc au moins égale à 0ᵐ,08 ; mais d'ailleurs elle devait être inférieure à 0ᵐ,16, autrement le boulet eût été retenu dans le bois. D'après la table précédente, la pénétration du boulet de 30, à la distance de 2,600 mètres, serait de 0ᵐ,12.

FIN DU RAPPORT.

Dt. voit examine temps combien il est important de travailler avec peu de reste [...] les déduits de quelques fire particuliers. Les valeurs des portées moyennes ne peuvent être regardées comme exactes qu'autant qu'elles sont obtenues à l'aide d'un grand nombre de coups. Dans le recueil des tables de tir, on a cherché à remédier à cet inconvénient en opérant à la fois sur le système entier des bouches à feu de la marine, et corrigeant ainsi les unes par les autres les portées données par les diverses pièces.

§ 30.

[illegible]

[illegible]

[illegible]	[illegible]	[illegible]	[illegible]	[illegible]	[illegible]	[illegible]	[illegible]	[illegible]	[illegible]
[illegible]	[illegible]	[illegible]	[illegible]	[illegible]	[illegible]	[illegible]	[illegible]	[illegible]	[illegible]
[illegible]	[illegible]	[illegible]	[illegible]	[illegible]	[illegible]	[illegible]	[illegible]	[illegible]	[illegible]

[illegible]

[illegible]

MÉMOIRE

SUR

LES DÉVIATIONS DES PROJECTILES,

PAR M. HÉLIE,

PROFESSEUR D'ARTILLERIE DE LA MARINE.

Les expériences dont il est question dans le rapport qui précède ont donné l'idée de rédiger ce mémoire. On s'est principalement proposé pour but la construction d'une table des déviations moyennes de tous les projectiles lancés par les diverses bouches à feu actuellement employées dans la marine. Cette table, dont l'utilité ne saurait être contestée, se trouve dans le § 29. Les principes sur lesquels elle est fondée sont exposés dans les paragraphes précédents.

MÉMOIRE

SUR

LES OPÉRATIONS DES PROMESSES

MÉMOIRE

SUR

LES DÉVIATIONS DES PROJECTILES.

§ 1ᵉʳ.

La connaissance des déviations des projectiles peut seule faire apprécier la justesse dont le tir est susceptible à diverses distances; aussi attache-t-on généralement une grande importance à leur détermination.

. Il convient donc de recueillir les résultats qu'offrent, à cet égard, les expériences de Gavre, et d'en déduire quelque loi générale à l'aide de laquelle on pourra assigner ensuite les avantages et les inconvénients que présentent les divers tirs et les diverses bouches à feu.

Sans doute, si on voulait trouver une loi rigoureuse, on rencontrerait des difficultés insurmontables, mais on peut du moins chercher à obtenir quelque règle approximative qui, sans avoir le même intérêt scientifique, offrirait du moins l'avantage de rassembler les différents résultats donnés par l'expérience.

§ 2.

DÉVIATION LATÉRALE.

La *déviation latérale* correspondante à une distance donnée est la quantité dont, à cette distance, le projectile s'écarte du plan de tir, soit à droite, soit à gauche.

Elle varie d'un coup à l'autre.

DÉVIATION LATÉRALE MOYENNE.

La *déviation latérale moyenne* est la moyenne arithmétique entre toutes les déviations particulières; on l'obtient donc en faisant la somme de ces dernières, abstraction faite de leur

3

sens, et divisant cette somme par leur nombre. Mais, pour cela, il est nécessaire de tirer un très-grand nombre de coups.

Dans les expériences de Gavre, on a mesuré avec soin la distance de chaque point de chute à une ligne tracée sur le terrain; mais souvent on a été forcé de diriger l'axe de la pièce un peu à gauche de cette ligne; sans cette précaution, quelques-uns des boulets seraient tombés dans la mer. Les distances mesurées ne représentent donc pas exactement les déviations.

Toutefois, on peut obtenir approximativement ces dernières en rapportant les points de chute, non plus à la ligne tracée sur le terrain, mais à une autre ligne telle que la somme des écarts à droite soit égale à la somme des écarts à gauche. Cette ligne est la *direction moyenne du tir;* sa détermination n'offre, dans chaque cas particulier, aucune difficulté.

Ce procédé a, dans tous les cas, l'avantage de rendre les résultats indépendants des effets qu'entraînerait une disposition vicieuse de la bouche à feu.

Ainsi, par exemple, si la ligne de mire et l'axe de la pièce ne se trouvent pas exactement dans le même plan vertical, on commettrait certainement une erreur en supposant la direction moyenne du tir comprise dans le plan vertical qui passe par la ligne de mire.

§ 3.

FORCE DÉVIATRICE.

Dans la théorie ordinaire du tir des projectiles, on regarde le mobile comme soumis à deux forces, dont l'une est la pesanteur, l'autre la résistance de l'air, supposée proportionnelle au carré de la vitesse et dirigée suivant la tangente à la trajectoire. Mais une troisième force, qu'on peut appeler *force déviatrice,* agit encore sur le corps.

Elle dépend, en général, de la densité de l'air, de la vitesse de translation et du mouvement de rotation du projectile, de la densité de ce corps, de sa forme plus ou moins sphérique, de la position de son centre de gravité et de la grandeur de son diamètre. L'intensité et la direction de la force déviatrice varient pendant la durée du mouvement.

FORCE DÉVIATRICE LATÉRALE.

La composante horizontale de la force déviatrice est la force déviatrice latérale; si donc φ désigne l'intensité et θ l'inclinaison de la force déviatrice, le produit $\varphi \cos. \theta$ représentera la grandeur de la force déviatrice latérale.

Les limites entre lesquelles varie φ dépendent de la nature des projectiles; quant à l'angle θ, il varie entre o et 90°.

Ces variations de l'angle θ peuvent d'ailleurs se présenter dans l'étendue d'une même trajectoire, et même il peut se faire que la force $\varphi \cos. \theta$ agisse tour à tour à droite et à gauche de cette ligne.

CAUSE DES DÉVIATIONS LATÉRALES.

En général, la direction initiale du projectile ne se trouve pas dans le plan vertical qui passe par l'axe de la pièce; elle fait avec ce plan un très-petit angle, soit à droite, soit à gauche. La déviation du projectile est due à la fois à ce petit écart initial et à l'action de la force déviatrice latérale. Suivant que l'écart initial est dirigé du même côté que la force ou en sens opposé, il augmente ou diminue les effets de cette dernière.

Soit ε le petit écart initial,

y la déviation à la distance x,

$\psi(x)$ la partie de cette déviation due à la force déviatrice latérale,

Il est clair que

$$y = x \tan. \varepsilon + \psi(x).$$

Les deux termes du second nombre sont affectés du même signe, si la force déviatrice et l'écart initial ont le même sens; dans le cas contraire, ils seront de signes différents.

La déviation étant toujours regardée comme positive, il faut affecter du signe $+$ celui des termes qui a la plus grande valeur numérique.

Soient maintenant y_1, y_2, y_3, etc., diverses déviations observées à la distance x, la quantité

$$\frac{y_1 + y_2 + y_3 + \ldots}{m};$$

où m désigne le nombre des observations, est valeur de la déviation moyenne correspondante à la même distance x.

L'écart initial et l'effet de la force déviatrice varient d'un coup à l'autre; si on représente par $\varepsilon_1, \varepsilon_2, \varepsilon_3$, les diverses valeurs de l'écart initial, et par $\psi_1(x), \psi_2(x), \psi_3(x)$, les effets des forces déviatrices, on aura les équations

$$y_1 = x \tan. \varepsilon_1 + \psi_1(x)$$
$$y_2 = x \tan. \varepsilon_2 + \psi_2(x)$$
$$y_3 = x \tan. \varepsilon_3 + \psi_3(x)$$

et par suite

$$\frac{y_1 + y_2 + y_3}{m} = \frac{\tan. \varepsilon_1 + \tan. \varepsilon_2 + \ldots}{m} + \frac{\psi_1(x) + \psi_2(x) + \ldots}{m}$$

§ 4.

CAS OÙ LA DÉVIATION MOYENNE EST PROPORTIONNELLE À LA DISTANCE.

Lorsque la force déviatrice produit un moindre effet que l'écart initial, les angles $\varepsilon_1, \varepsilon_2, \varepsilon_3 \ldots$ sont regardés comme positifs, tandis que, parmi les termes $\psi_1(x), \psi_2(x), \psi_3(x)$, les uns sont affectés du signe $+$, les autres, du signe $-$; de sorte que, si le nombre des observations est considérable, la quantité $\psi_1(x), + \psi_2(x), + \psi_3(x) + \ldots$ est sensiblement nulle. De plus, si on désigne par α la valeur moyenne de l'écart initial, la somme

$$\frac{\tan. \varepsilon_1 + \tan. \varepsilon_2 + \tan. \varepsilon_3}{m}$$

3.

est à peu près égale à x tang. a; de sorte que l'on a

$$\frac{y_1 + y_2 + y_3 + \ldots}{\ldots} = x \text{ tang. } a$$

c'est-à-dire que, dans cette hypothèse, la déviation moyenne est proportionnelle à la distance.

C'est ce qui arrive dans le tir à mitraille, du moins pour les balles extrêmes, et tant que ces balles ne s'écartent pas trop de la bouche à feu. On sait que la dispersion est alors proportionnelle à la distance.

Mais, dans le tir à un seul projectile, l'écart initial est bien moindre, attendu qu'il n'existe alors qu'une très-légère différence entre le diamètre de l'âme et celui du boulet.

§ 5.

CAS OÙ LA DÉVIATION MOYENNE NE DÉPEND QUE DE LA FORCE DÉVIATRICE.

Lorsqu'on suppose l'effet de la force déviatrice supérieur au résultat de l'écart initial, les termes $\psi_1(x)$, $\psi_2(x)$, $\psi_3(x)$, sont tous positifs, tandis que, parmi les termes x tang. ε_1, x tang. ε_2,.... les uns ont le signe $+$, les autres ont le signe $-$, suivant que l'écart est dirigé dans le sens de la force ou en sens opposé. C'est alors la somme x tang. $\varepsilon_1 + x$ tang. $\varepsilon_2 + \ldots$, qui est sensiblement nulle ; en sorte que la déviation moyenne

$$\frac{y_1 + y_2 + y_3 + \ldots}{m}$$

ne dépend que de la force déviatrice. Elle est entièrement indépendante de l'écart initial, bien que cet écart influe sur la justesse de chaque coup en particulier.

Lorsque le tir est bien dirigé, l'effet de la force déviatrice latérale l'emporte en général sur celui de l'écart initial; cependant, dans certains coups, cette force est très-faible, soit que la force déviatrice totale ait elle-même peu d'intensité, soit que sa direction se rapproche beaucoup de la verticale; dans ce cas, la déviation observée peut très-bien être le résultat de l'écart initial.

La déviation moyenne accusée par l'expérience est donc un peu plus forte que celle qui ne serait due qu'à la force déviatrice; de sorte qu'en attribuant la déviation observée à la seule action de la force, on s'expose à trouver pour cette force une valeur une peu trop grande. Cette circonstance doit parfois se présenter dans les résultats déduits des expériences de Gavre; car dans ces expériences on s'occupait beaucoup plus de la détermination des portées que de la valeur des déviations. On voit dès lors le sens de l'erreur que l'on a à craindre.

§ 6.

Lorsque la déviation moyenne est regardée comme uniquement due à l'action de la force déviatrice, sa valeur à la distance x n'est autre que la quantité

$$\frac{\psi_1(x) + \psi_2(x) + \psi_3(x) + \ldots}{m}$$

où plutôt, la valeur de la déviation moyenne est la limite vers laquelle tend cette expression, lorsque le nombre m des observations croît indéfiniment.

Les différents termes du numérateur dépendent des valeurs successives dont sont affectées à chaque coup, et dans l'intervalle de zéro à x, les deux quantités φ et θ (§ 3).

Ce n'est donc qu'en opérant sur un très-grand nombre de coups que l'on peut obtenir une valeur approchée de la déviation moyenne, et il convient de se mettre en garde contre les résultats qui ne seraient déduits que d'un petit nombre d'observations.

Les diverses déviations que fait connaître l'expérience ne répondent jamais à la même distance, mais si les m déviations $y_1,\ y_2,\ y_3\ldots$ ont été observées à des distances $x_1,\ x_2,\ x_3\ldots$ peu différentes les unes des autres, la quantité

$$\frac{y_1 + y_2 + y_3 + \ldots}{m}$$

peut être regardée comme la valeur de la déviation moyenne correspondante à la distance

$$\frac{x_1 + x_2 + x_3 + \ldots}{m}$$

§ 7.

FORCE DÉVIATRICE LATÉRALE MOYENNE.

La *force déviatrice latérale moyenne* est celle dont l'action produirait la déviation latérale moyenne ; elle est normale à la courbe que l'on construit, en prenant pour abscisses les distances et pour ordonnées les déviations moyennes.

On peut appeler cette ligne *courbe des déviations moyennes*. Sa concavité est tournée du côté vers lequel la force tire ; il en résulte que sa convexité est constamment tournée vers l'axe des abscisses, du moins dans le cas spécial des projectiles de l'artillerie. Sans doute, si la force déviatrice était considérable, le mobile, après s'être éloigné jusqu'à une certaine distance, finirait par se rapprocher du point de départ, et alors la concavité de la courbe serait tournée vers l'axe des abscisses ; mais ici ces circonstances doivent être écartées.

Au point de départ, la courbe des déviations moyennes est tangente à l'axe des abscisses, puisque les choses se passent comme si l'écart initial était nul.

Ces remarques peuvent être utiles dans le cas où l'on voudrait construire la courbe d'après les données de l'observation.

L'expérience, faisant connaître les déviations à diverses distances, détermine la position de plusieurs points, qu'il faut joindre alors par une ligne satisfaisant aux conditions précédentes ; mais souvent, par suite des anomalies, on se trouve obligé d'altérer la position des points.

§ 8.

HYPOTHÈSES RELATIVES À LA NATURE DE LA FORCE DÉVIATRICE LATÉRALE MOYENNE.

L'hypothèse la plus simple que l'on puisse admettre, touchant la nature de la force déviatrice latérale moyenne, consiste à regarder cette force comme étant proportionnelle à la vitesse de translation du mobile, et en raison inverse du diamètre et de la densité de ce corps.

Soit donc a le diamètre du projectile,

d la densité,

v la vitesse de translation,

après un temps t compté depuis l'origine du mouvement.

La force déviatrice serait représentée par

$$\frac{hv}{ad},$$

h -désignant une constante qui dépendrait de l'état moyen des projectiles et de l'athmosphère.

La vitesse de rotation entre implicitement dans cette expression, car il existe certainement une relation entre les deux vitesses du mobile.

La question est de savoir si l'hypothèse précédente est conciliable avec les faits observés.

ÉQUATIONS DE LA COURBE DES DÉVIATIONS MOYENNES.

Soit x la distance du projectile à la bouche à feu après le temps t,

y la déviation moyenne à cette distance,

ρ le rayon de courbure de la ligne des déviations moyennes au même point,

La force centrifuge due à cette courbure est

$$\frac{v^2}{\rho}$$

et doit être égale à la force déviatrice; ainsi

$$\frac{v^2}{\rho} = \frac{hv}{ad}$$

faisant, pour abréger,

$$K = \frac{h}{ad},$$

l'équation précédente devient $\frac{v^2}{\rho} = Kv$ ou

$$v = K\rho.$$

On sait que

$$\rho = \frac{\left(1 + \frac{dy^2}{dx^2}\right)^{\frac{3}{2}}}{\frac{d^2y}{dx^2}};$$

mais la courbure étant extrêmement petite, on peut négliger le carré de $\frac{dy}{dx}$, de sorte qu'on a simplement

$$\rho = \frac{1}{\frac{d^2y}{dx^2}},$$

et par suite

$$v = \frac{K}{\frac{d^2y}{dx^2}}.$$

Supposant, comme à l'ordinaire, la résistance que l'air oppose au mouvement de translation, proportionnelle au carré de la vitesse, on peut la représenter par cv^2, et, comme il ne s'agit ici que du tir surbaissé, on a

$$v = Ve^{-cx},$$

V désignant la vitesse initiale, et e la base des logarithmes népériens.

D'après cela, l'équation ci-dessus devient

$$\frac{d^2y}{dx^2} = \frac{K}{V} e^{cx} \quad \text{ou} \quad d\left(\frac{dy}{dx}\right) = \frac{K}{V} e^{cx} dx;$$

intégrant, il vient

$$\frac{dy}{dx} = \frac{K}{cV} e^{cx} + \text{constante.}$$

La constante doit être déterminée de telle sorte que l'on ait simultanément $\frac{dy}{dx} = o$ et $x = o$, puisque l'écart initial est considéré comme nul. Donc

$$\frac{dy}{dx} = \frac{K}{cV} \left(e^{cx} - 1\right).$$

Intégrant une seconde fois, et observant que y s'annule en même temps que x, il vient

$$y = \frac{K}{c^2V} \left(e^{cx} - cx - 1\right).$$

telle est donc, dans l'hypothèse admise, l'expression de la déviation moyenne à la distance x. Cette déviation est en raison inverse de la vitesse initiale.

De là on tire $\frac{K}{c^2V} = \frac{y}{e^{cx} - cx - 1}$.

L'expérience faisant connaître la déviation y à la distance x, on peut en déduire la valeur de $\frac{K}{c^2V}$.

MOYEN DE VÉRIFIER L'HYPOTHÈSE RELATIVE À LA FORCE DÉVIATRICE.

On obtient ainsi autant de valeur de $\frac{K}{c^2V}$ qu'il y a de déviations observées à des distances différentes; mais, si l'hypothèse que l'on a faite, touchant la nature de la force déviatrice, est réellement admissible, ces nombres doivent être peu différents les uns des autres. La moyenne entre toutes ces valeurs sera prise alors pour celle de $\frac{K}{a\gamma}$.

On connaîtra donc la quantité K, et par suite la valeur de $h = Kad$.

§ 9.

Tout ceci suppose que la vitesse initiale est connue aussi bien que le coefficient c de la résistance de l'air.

Soit d la densité de l'air; n le rapport de la résistance au poids d'un prisme d'air qui aurait pour base le grand cercle d'un boulet, et pour hauteur celle à laquelle serait due la vitesse de ce corps. On sait que

$$c = \frac{3nd}{4ad}.$$

On supposera $d = 0,0012$. Il règne toujours quelque incertitude à l'égard du coefficient n, qui même ne devrait point être regardé comme constant dans toute l'étendue de la trajectoire. Dans chaque cas particulier, on prendra pour n la valeur déterminée par les expériences de Gavre : on agira de la même manière à l'égard de la vitesse initiale. A la vérité, les expériences exécutées à l'aide des pendules balistiques montrent que la valeur ainsi obtenue est un peu trop petite; mais il s'agit surtout ici de comparer entre elles les diverses bouches à feu de la marine, et avec les pendules il n'a été fait d'essais que sur le seul canon de 3o long.

Une erreur que l'on commettrait à l'égard de n en produirait une de sens opposé sur la valeur de h; en sorte, par exemple, que, si l'on prenait pour n un nombre trop grand, on trouverait pour h une valeur trop petite.

Il reste maintenant à exposer les résultats obtenus à Gavre avec les diverses bouches à feu de la marine.

§ 10.

CANONS LONG ET COURT DE 3o. (ANNÉES 183o-31-3a.)

Boulets massifs $\left\{\begin{array}{l} \text{Diamètre} \dots \dots \ o^{m},1599 \\ \text{Densité} \dots \dots \ 7,199 \ (1) \\ n \dots \dots \dots \ 0,75 \end{array}\right.$

INCLINAISONS des BOUCHES À FEU.	CHARGES.	NOMBRE de COUPS PAR CHARGE et par BOUCHE À FEU.
Angle de mire naturel.	4ᵏ,90; 3ᵏ,67; 2ᵏ,94; 2ᵏ,45.	10
5°	Idem.	10
10°	Idem.	10

(1) Expériences de Gavre, page 1o,

Chacun des douze tirs a fourni une déviation moyenne particulière.

Mais, afin de faire disparaître, autant que possible, les irrégularités des expériences, et en même temps d'opérer sur un plus grand nombre de coups, on a réuni les résultats donnés par les quatre charges sous les angles de mire naturel, comme s'ils étaient dus à une même charge et à une même bouche à feu, et on a fait correspondre la déviation moyenne ainsi obtenue à la portée moyenne.

On a groupé de la même manière les résultats trouvés sous l'angle de 5°, et ensuite ceux donnés par l'angle de 10°.

Pour justifier cette manière d'opérer, il suffit de rappeler qu'il n'existe qu'une très-légère différence entre les longueurs des âmes des deux canons.

DISTANCES.	DÉVIATION MOYENNE.	NOMBRE de coups.
826^m	2^{m}7	80
1534	7,7	80
2416	33,0	80

Ces données correspondent à une vitesse intermédiaire entre les vitesses données par les quatre charges dans l'une et l'autre bouche à feu. On en obtiendra approximativement la valeur en prenant la moyenne arithmétique de ces huit vitesses.

Cette moyenne est $V = 390$ mètres.

Il est facile de calculer pour chaque distance la valeur de $\dfrac{K}{c^3 V}$:

DISTANCES.	VALEUR de $\dfrac{K}{c^3 V}$.
826^m	19,465
1,534	13,78
2,416	19,33

Les différences que présentent ces valeurs peuvent être attribuées aux anomalies des expériences.

En prenant la moyenne, on a

$$\frac{K}{c^3 V} = 17,52.$$

Il en résulte

$$h = 0,0027.$$

CANON DE 24. (ANNÉES 1830-31-32.)

Boulets massifs. . . . , ... $\left\{ \begin{array}{l} \text{Diamètre} = 0^{m},1474 \\ \text{Densité} = 7,155 \text{ (1)} \\ n = 0,595. \end{array} \right.$

INCLINAISONS de LA BOUCHE À FEU.	CHARGES.	NOMBRE DE COUPS par charge.
1° 26′ 12″	3^k,92; 2^k,96; 2^k,35; 1^k,96.	10
5° 00 00	Idem.	10
10° 00 00	Idem.	10

On a réuni les résultats donnés par les quatre charges sous la même inclinaison, c'est-à-dire que l'on a fait correspondre la moyenne des quatre déviations à la moyenne des quatre portées.

DISTANCES.	DÉVIATIONS moyennes.	NOMBRE de coups.	VALEUR de $\dfrac{K}{c^{3}V}$
727^m	2^{m}0	40	9,35
1,498	7,7	40	6,67
2,255	36,5	40	10,75

Prenant une moyenne entre les nombres de la dernière colonne, on a

$$\frac{K}{c^{3}V} = 8,92.$$

La vitesse V étant à peu près égale à la moyenne arithmétique entre les vitesses données par les quatre charges, on a V = 401 mètres,

Et par suite

$$h = 0,0025.$$

---

(1) Expériences de Gavre, page 34.

§ 12.

COMPARAISON DES RÉSULTATS DONNÉS PAR LES CANONS LONG ET COURT...

CANONS LONG ET COURT DE 18. (ANNÉES 1830-31-32.)

Boulets massifs .... $\begin{cases} \text{Diamètre} = 0^m 1344 \\ \text{Densité} = 7,149 \text{ (1)} \\ n = 0,90 \end{cases}$

INCLINAISONS des BOUCHES À FEU.	CHARGES.	NOMBRE de COUPS PAR CHARGE et par BOUCHE À FEU.
Angle de mire naturel.	$2^k,94$; $2^k,20$; $1^k,76$; $1^k,47$.	10
5°	Idem.	10
10°	Idem.	10

On a groupé les résultats donnés par les quatre charges dans l'une et l'autre bouche à feu, 1° lorsque l'inclinaison était égale à l'angle de mire naturel ; 2° lorsqu'elle était de 5° ; enfin, quand elle était égale à 10°. (Voyez le § 7.)

DISTANCES.	DÉVIATIONS MOYENNES.	NOMBRE de COUPS.	VALEUR de $\dfrac{K}{c^2 V}$
815^m	$0^m 8$	80	11,33
1,502	13,6	80	12,69
2,301	34,8	80	10,61

Les trois valeurs de $\dfrac{K}{c^2 V}$ sont très-peu différentes.

En prenant une moyenne, on a

$$\frac{K}{c^2 V} = 11,54.$$

En supposant la valeur de V égale à la moyenne arithmétique des huit vitesses données par les quatre charges dans l'une et l'autre bouche à feu, on a V = 409 mètres.

Et par suite

$$h = 0,0029.$$

---

(1) Expériences de Gavre, page 40.

COMPARAISON DES RÉSULTATS DONNÉS PAR LES CANONS DE 30, 24 ET 18.

BOULETS de	VALEUR de K.
30	0, 0027
24	0, 0025
18	0, 0029

La valeur moyenne est 0,0027.

§ 13.

CANON-OBUSIER DE 30. (ANNÉES 1834-35.)

Boulets massifs..............$\begin{cases} \text{Diamètre} = 0^m 1596 \\ \text{Densité} = 7,108 \ (1) \\ n = 0,7 \end{cases}$

INCLINAISONS de LA BOUCHE À FEU.	CHARGES.	NOMBRE DE COUPS par charge.
1° 10′	2^k,00; 1^k,75; 1^k,50.	10
5 00	Idem.	10
10 00	Idem.	10
14 00	Idem.	10

On a réuni les résultats donnés par les trois charges sous le même angle.

DISTANCES.	DÉVIATIONS MOYENNES.	VALEUR de $\frac{K}{a^2 V}$	NOMBRE de COUPS.
524^m	1^m,2	25, 52	30
1,303	4 ,2	12, 43	30
2,105	24 ,8	23, 62	30
2,595	41 ,4	23, 21	30

(1) Expériences de Gavre, page 48.

La valeur de V, supposée moyenne arithmétique entre les trois vitesses correspondant aux trois charges, est V = 329 mètres.

En prenant la moyenne entre les nombres de la seconde colonne, on a

$$\frac{K}{c^2\,V} = 21,20;$$

Et par suite

$$h = 0,00244.$$

Cette valeur est un peu inférieure à celle qui est donnée par les canons de 30. On peut observer, à cet égard, que l'un des quatre nombres du tableau précédent est notablement plus petit que les trois autres.

§ 14.

CARONADE DE 30. (1834-1835.)

Boulets massifs. (Voyez le § 13.) (1)

INCLINAISON de LA BOUCHE À FEU.	CHARGES.	NOMBRE DE COUPS par charge.
3° 55′	$1^k 50$; $1^k 19$; $0^k 80$.	10
5 00	Idem.	10
10 00	Idem.	10

On a réuni les résultats donnés par les trois charges sous la même inclinaison.

DISTANCES.	DÉVIATION MOYENNE.	VALEUR de $\frac{K}{c^2\,V}$.	NOMBRE de coups.
900^m	$4^m 9$	$33^m 11$	30
961	5,6	32,75	30
1,741	21,6	32,58	30

En prenant pour V la moyenne entre les vitesses données par les trois charges, on aura

$$V = 268 \text{ mètres.}$$

La valeur moyenne de $\frac{K}{c^2\,V}$ est $32^m,78$.

---

(1) Expériences de Gavre, page 54.

Par conséquent,

$$h = 0^m,0031,$$

nombre supérieur à tous les précédents. Il est à remarquer qu'en prenant une moyenne entre la valeur de h, donnée par le canon-obusier, et la caronade, on retrouverait, à très-peu près, celle qui a été fournie par les canons long et court de 30.

§ 15.

CARONADE DE 24. (1834-1835.)

Boulets massifs......
$\begin{cases} \text{Diamètre} = 0^m 1474. \\ \text{Densité} = 7,155. \\ n = 0,7. \end{cases}$

INCLINAISON de LA BOUCHE À FEU.	CHARGES.	NOMBRE DE COUPS par charge.
3° 50′	$1^k 35$; $1^k 01$; $0^k 68$.	10
4 50	Idem.	10
10 00	Idem.	10

On a réuni les résultats donnés par les trois charges, sous la même inclinaison.

DISTANCES.	DÉVIATION MOYENNE.	VALEUR de $\frac{K}{c^2 V}$	NOMBRE de COUPS.
828^m	$4^m 4$	$36^m 34$	30
980	5 ,4	25 ,59	30
1,888	20 ,4	21 ,23	30

En prenant une moyenne, on a

$$\frac{K}{c^2 V} = 25^m,72.$$

La moyenne entre les vitesses dues aux trois charges est

$$V = 273 \text{ mètres};$$

par suite,

$$h = 0^m,0026.$$

§ 16.

CARONADE DE 18. (1834-1835.)

$$\text{Boulets massifs} \dots \left\{ \begin{array}{l} \text{Diamètre} = 0^m 1342. \\ \text{Densité} = 7,065. \\ n = 0,9. \end{array} \right.$$

INCLINAISON de LA BOUCHE À FEU.	CHARGES.	NOMBRE DE COUPS par charge.
3° 50′	$1^k 10$; $0^k 83$.	10
5 00	Idem.	10
10 00	Idem.	10

On a réuni les résultats donnés par les deux charges sous la même inclinaison.

DISTANCES.	DÉVIATION moyenne.	VALEUR de $\dfrac{K}{c^2 V}$.	NOMBRE de coups.
919^m	$3^m 6$	$8^m 89$	20
1,155	8,0	11,54	20
1,807	34,8	16,07	20

Cet exemple, s'il était isolé, porterait à croire que la valeur de $\dfrac{K}{c^2 V}$ croît avec la distance, tandis que du paragraphe précédent on conclurait précisément le contraire. La valeur moyenne est

$$\frac{K}{c^2 V} = 12^m,17.$$

En prenant la moyenne entre les vitesses dues aux deux charges, on a

$$V = 305 \text{ mètres},$$

et il en résulte

$$h = 0^m,0026.$$

§ 17.

CANON DE 12. (1842.)

$$\text{Boulets massifs} \dots \left\{ \begin{array}{l} \text{Diamètre} = 0^m1173. \\ \text{Densité} = 7,137. \\ n = 0,6. \end{array} \right.$$

INCLINAISON de LA BOUCHE À FEU.	CHARGES.	NOMBRE DE COUPS par charge.
1° 41′	2^k 0; 1^k 5; 1^k 0.	10
5 ″	Idem.	10

On a réuni les résultats donnés par les trois charges sous la même inclinaison.

DISTANCES.	DÉVIATION MOYENNE.	VALEUR de $\dfrac{X}{c^2 V}$.	NOMBRE de coups.
808^m	3^m3	19^m94	30
1537	17,0	24,15	30

Par suite $\dfrac{K}{c^2 V} = 22^m,04.$

La vitesse moyenne entre les vitesses dues aux trois charges est $V = 395$ mètres; donc $h = 0^m,0030.$

Cette valeur un peu forte n'est donnée que par un petit nombre de coups.

§ 18.

CARONADE DE 12. (1834-1835.)

$$\text{Boulets massifs} \dots \left\{ \begin{array}{l} \text{Diamètre} = 0^m1173. \\ \text{Densité} = 7,086\ (1). \\ n = 0,9. \end{array} \right.$$

INCLINAISON de LA BOUCHE À FEU.	CHARGES.	NOMBRE DE COUPS par charge.
3° 48′	0^k 73; 0^k 55; 0^k 37.	10
4 30	Idem.	10
5 00	Idem.	10

(1) Expériences de Gavre, page 67.

Les résultats donnés par les trois charges sous le même angle ont été réunis.

DISTANCES.	DÉVIATION moyenne.	VALEUR de $\frac{K}{c^2 V}$	NOMBRE de coups.
765^m	4^{m}9	13^{m}54	30
826	6 ,6	15 ,29	30
873	7 ,7	15 ,69	30

Par conséquent,

$$\frac{K}{c^2 V} = 14^m,80.$$

La moyenne entre les vitesses données par les trois charges est

$$V = 275 \text{ mètres},$$

et il en résulte

$$h = 0,0032.$$

Il convient d'ajouter que les boulets étaient fort défectueux.

§ 19.

OBUSIER DE 0^m,22 N° 1. (1842.)

Boulets massifs. . . . . $\begin{cases} \text{Diamètre} = 0^m,2187. \\ \text{Densité} = 7 ,075. \\ n = 0 ,8. \end{cases}$

INCLINAISON de LA BOUCHE À FEU.	CHARGES.	NOMBRE DE COUPS par charge.
1° 30′	3^k 50.	10
5 00	Idem.	10

La vitesse initiale $V = 288$ mètres.

DISTANCES.	DÉVIATION moyenne.	VALEUR de $\frac{K}{c^2 V}$	NOMBRE de coups.
643^m	1^{m}1	32^{m}35	10
1,192	5 ,5	29 ,57	10

En prenant une moyenne, on a

$$\frac{K}{V} = 30^{m}.96,$$

et, par suite,

$$h = 0.0036.$$

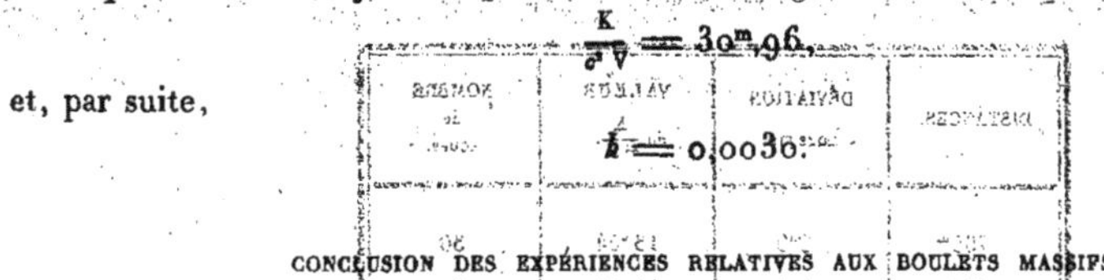

CONCLUSION DES EXPÉRIENCES RELATIVES AUX BOULETS MASSIFS.

Les différences que l'on remarque entre les valeurs de h trouvées précédemment ne paraissent pas dépendre du diamètre du projectile, non plus que de sa vitesse initiale ; elles s'expliquent naturellement par les anomalies des expériences, la variation de l'état des boulets et l'incertitude que l'on ne peut éviter relativement à la détermination du coefficient n de la résistance de l'air.

L'hypothèse que l'on a faite (§ 8), touchant la nature de la force déviatrice, semble donc propre à représenter tous les faits observés ; et la valeur de h, qui paraît la plus probable, est celle qui est donnée par les canons long et court de 30, savoir :

$$h = 0.0027.$$

Cependant, la manière dont les expériences ont été exécutées doit faire présumer que les valeurs trouvées pour les déviations sont un peu trop fortes ; il sera bon de diminuer légèrement ce coefficient. En conséquence, on prendra

$$h = 0.0025.$$

§ 20.

OBUSIER DE $0^{m}.27$, (1842.)

Boulet creux........ $\begin{cases} \text{Diamètre} = 0^{m}271 \\ \text{Densité} = 4,683 \\ n = 0,7 \end{cases}$

INCLINAISONS de LA BOUCHE À FEU.	CHARGES.	NOMBRE DE COUPS par charge.
3°	5ᵏ0 ; 4ᵏ0 ; 3ᵏ0.	10
5	Idem.	10
10	Idem.	10

On a réuni les résultats donnés par les trois charges sous la même inclinaison.

DISTANCES.	DÉVIATION MOYENNE.	VALEUR de $\frac{K}{c^3 V}$	NOMBRE de COUPS.
795^m	— 3^{m}0	33 ,71	30
1,147	7 ,3	36 ,87	30
1,900	27 ,0	43 ,20	30

En prenant une moyenne on a $\frac{K}{c^3 V} = 37,93$.

La moyenne entre les vitesses dues aux trois charges est $V = 288$ mètres. Donc $h = 0,0033$.

§ 21.

OBUSIER DE 0^m,22 N° 1. (1834-1835.)

Boulet creux........ $\begin{cases} \text{Diamètre} = 0^m 2202 \\ \text{Densité} = 4,804\ [1] \\ n = 0,8 \end{cases}$

INCLINAISONS de LA BOUCHE À FEU.	CHARGES.			NOMBRE DE COUPS par charge.
1° 30′	3^k,5;	3^{k}0;	2^{k}0.	10
5 00	4 ,0;	3 ,50;	3 ,0.	10
10 00	*Idem.*			10
15 00	*Idem.*			10

Les résultats donnés par les trois charges sous le même angle ont été réunis.

DISTANCES.	DÉVIATION MOYENNE.	VALEUR de V.	VALEUR de K.	NOMBRE DE COUPS.
629^m	1^{m}5	342^m	0^{m}0023	30
1,640	5 ,7	357	0 ,0027	30
2,025	24 ,4	357	0 ,0025	30
2,547	56 ,2	357	0 ,0032	30

En prenant une moyenne on a $K = 0^m,0024$, et il en résulte $h = 0^m,0026$.

---

[1] Expériences de Gavre, p. 83.

§ 22.

OBUSIER DE 0^m,22 N° 2. (1841.)

Boulet creux. $\left\{ \begin{array}{l} \text{Diamètre} = 0^m2202 \\ \text{Densité} = 4,804 \\ n = 0,7 \end{array} \right.$

INCLINAISONS de LA BOUCHE À FEU.	CHARGES.	NOMBRE DE COUPS par charge.
2°	3^{k}0; 2^{k}5; 2^{k}0.	10
5	Id.	10

Les résultats donnés par les trois charges sous la même inclinaison ont été réunis.

DISTANCES.	DÉVIATION MOYENNE.	VALEUR de $\frac{K}{c^2 V}$	NOMBRE de COUPS.
622^m	2^{m}3	25^{m}84	30
1,210	11 ,3	33 ,73	30

La valeur moyenne de $\frac{K}{c^2 V}$ est 39^m,78. La vitesse moyenne entre les vitesses données par les trois charges est $V = 300$ mètres.

Donc $h = 0^m,0033$.

§ 23.

OBUSIER DE 0^m,22, N° 3. (1842.)

Boulet creux. (Voyez le § 22.)

INCLINAISONS de LA BOUCHE À FEU.	CHARGES.	NOMBRE DE COUPS par charge.
2°	2^{k}0; 1^{k}50.	10
5	Idem.	10
10	Idem.	10

Les résultats donnés par les deux charges sous la même inclinaison ont été réunis.

DISTANCES.	DÉVIATION MOYENNE.	VALEUR de $\frac{K}{c^2 V}$	NOMBRE de COUPS.
540^m	2^{m}5	43^{m}85	20
950	9,0	46,13	20
1500	24,0	43,64	20

Par suite $\frac{K}{c^2 V} = 44^m,55$. La vitesse initiale moyenne $V = 255$ mètres; ainsi

$$h = 0^m,0043.$$

Valeur qui paraît exagérée; et l'erreur ne doit pas être attribuée à la valeur adoptée pour n, savoir $0^m,7$; car, si l'on prenait $n = 0^m,8$, on trouverait

$$h = 0^m,0042.$$

§ 24.

EXPÉRIENCES EXÉCUTÉES AVEC LES BOULETS CREUX DE 30.

Diamètre des boulets creux. $= 0^m,1607$
Densité........ $= 4,911$
Valeur de n..... $= 0,7.$

BOUCHES A FEU.	VITESSE INITIALE V.	DISTANCES.	DÉVIATIONS.	VALEUR DE h.	NOMBRE de COUPS.
Canon de 30 long.....	470^m	847^m	5^{m}0	0^{m}0040	40
Canon obusier de 30...	411	670	2,0	0,0026	30
		1,487	14,4		
Caronade de 30.......	346	1,289	25,2	0,0033	40

Les différences que présentent les trois valeurs de h peuvent être attribuées au petit nombre des coups, et aussi à la manière dont le tir a été exécuté. La valeur moyenne est

$$h = 0^m,0033.$$

§ 25.

CONCLUSION DES EXPÉRIENCES RELATIVES AUX PROJECTILES CREUX.

En comparant les expériences relatives aux boulets massifs à celles qui ont été exécutées avec des boulets creux, on remarque que les dernières présentent beaucoup plus d'irrégularités ; elles sont aussi bien moins nombreuses : toutefois, elles n'offrent rien dans leur ensemble qui soit de nature à faire rejeter l'hypothèse admise sur la force déviatrice ; mais, comme les boulets creux chargés sont des corps moins réguliers que les boulets massifs, il sera convenable d'adopter pour les premiers une valeur de h un peu plus forte que pour les seconds : on prendra

$$h = 0^\mathrm{m},0027.$$

§ 26.

DÉVIATIONS VERTICALES.

La *déviation verticale* d'un projectile est la quantité dont ce corps s'élève au-dessus du point de chute indiqué par la portée moyenne, ou s'abaisse au-dessous de ce point.

L'angle de départ particulier d'un projectile diffère, en général, de l'angle de départ moyen, et sa vitesse initiale n'est pas égale à sa vitesse initiale moyenne. Ces causes, jointes à l'action de la force déviatrice verticale, produisent la déviation verticale.

La moyenne arithmétique, entre toutes les déviations verticales particulières, est la *déviation verticale moyenne*.

DÉVIATION VERTICALE MOYENNE.

Par des considérations analogues à celles qui ont été développées dans le § 8, on ferait voir que, dans un tir bien dirigé, la déviation verticale moyenne peut être considérée comme ne dépendant que de l'action des forces déviatrices verticales.

La *force déviatrice verticale moyenne* est celle qui produirait la déviation verticale moyenne.

Les deux forces déviatrices moyennes, verticale et horizontale, sont les composantes d'une même force, qui est la force déviatrice moyenne.

§ 27.

EXPRESSION DE LA DÉVIATION VERTICALE MOYENNE.

Il n'a été fait, jusqu'à présent, aucune expérience sur les déviations verticales ; mais, si l'on admet que les forces déviatrices prennent indifféremment toutes les directions possibles, les deux forces déviatrices moyennes, horizontale et verticale, doivent être égales entre elles, et, dans ce cas, il est facile de trouver l'expression de la déviation verticale moyenne.

En effet, la force déviatrice verticale est alors égale à Kv, et si g désigne, comme à l'ordinaire, l'intensité de la pesanteur, le mobile est soumis aux deux forces verticales Kv et g, qu'on doit considérer ici comme étant constamment de même sens ou constamment de sens opposé. Pour faire le calcul, on adoptera la première hypothèse.

Lorsque le tir est surbaissé, la force verticale Kv + g est à très-peu près normale à la courbe ; en sorte qu'on a l'égalité

$$\frac{v^2}{\rho} = (Kv + g),$$

ρ désignant le rayon de courbure.

La courbe étant rapportée à deux axes coordonnés, passant par le point de départ et contenus dans le plan de tir, l'un ox horizontal, l'autre oz vertical, on a, en négligeant le carré de

$$\frac{dz}{dx}, \quad \rho = \frac{1}{\frac{d^2z}{dx^2}},$$

et par suite

$$v^2 \frac{d^2z}{dx^2} = (Kv + g),$$

et $v = Ve^{-cx}$, V désignant la vitesse initiale.
Donc

$$\frac{d^2z}{dx^2} = \frac{K}{Ve^{-cx}} - \frac{g}{V^2 e^{-cx}}.$$

Intégrant et déterminant la constante de manière à avoir à la fois $z = o$ et $\frac{dz}{dx} = \text{tang. } \alpha$, l'angle α est l'angle moyen de départ, et l'on a

$$\frac{dz}{dx} = \text{tang. } d - \frac{K}{cV}\left(e^{cx} - 1\right) - \frac{g}{c^2 V^2}\left(e^{2cx} - 1\right).$$

Une seconde intégration donne

$$z = x \text{ tang. } d - \frac{K}{c^2 V}\left(e^{cx} - cx - 1\right) - \frac{g}{4c^2 V^2}\left(e^{2cx} - 2cx - 1\right),$$

en déterminant la constante de telle sorte qu'on ait à la fois $x = o$ et $z = o$.

Lorsqu'on a fait $K = o$, c'est-à-dire quand on suppose la force déviatrice nulle, on a simplement

$$z = x \text{ tang. } d - \frac{g}{4c^2 V^2}\left(e^{2cx} - 2cx - 1\right).$$

C'est l'équation ordinaire de la trajectoire, la différence de deux valeurs de z, c'est-à-dire la quantité

$$\frac{K}{c^2 V}\left(e^{cx} - cx - 1\right)$$

est la déviation moyenne verticale.

Dans l'hypothèse actuelle, elle est égale à la déviation moyenne latérale.

Si la force déviatrice ne prenait pas indifféremment toutes les directions possibles, le coefficient K n'aurait pas la même valeur dans l'expression précédente et dans l'expression de la déviation latérale; mais, dans l'absence de toute expérience à ce sujet, ce qu'il y a de plus simple est d'admettre l'égalité des deux espèces de déviations.

$$\text{(§ 28.)}$$

CONSTRUCTION DES TABLES DES DÉVIATIONS MOYENNES.

Pour calculer les tables des déviations moyennes, on s'est servi de la formule :

$$y = \frac{h}{adc'V}\left(e^{cx} - cx - 1\right).$$

La tableau suivant donne les valeurs adoptées pour les diverses constantes qui entrent dans cette expression.

BOUCHES À FEU	BOULETS MASSIFS				BOULETS CREUX			
	DIAMÈTRE. (a).	DENSITÉ. (d).	CHARGE.	VITESSE INITIALE. (V).	DIAMÈTRE. (a).	DENSITÉ. (d).	CHARGE.	VITESSE INITIALE. (V).
Canon de 30 long............	0^{m}1596	7,108	5,00	426^m	0^m,1607	4,911	3,75	402^m
			3,75	403	....	....	2,50	449
			2,50	366				
Canon de 30 court..........	Idem.	Idem.	5,00	488				
			3,75	396	Idem.	Idem.	3,75	484
			2,50	360	....	....	2,50	442
Canon-obusier de 30..........	Idem.	Idem.	2,00	344	Idem.	Idem.	2,00	411
							1,5	374
Caronade de 30..............	Idem.	Idem.	1,6	310	Idem.	Idem.	1,6	346
Canon de 24................	0,1474	7,159	3,92	434				
			2,94	410				
			1,96	371				
Caronade de 24..............	Idem.	Idem.	1,30	311				
Canon de 18 long............	0,1342	7,166	2,94	447				
			2,20	421				
			1,47	381				
Canon de 18 court............	Idem.	Idem.	2,94	440				
			2,20	414				
			1,47	376				
Caronade de 18..............	Idem.	Idem.	1,00	312				
Canon de 12................	0,1173	7,166	2,00	424				
Caronade de 12,.............	Idem.	Idem.	0,65	295				
Obusier de 0^{m}27............	....	....	....	....	0,2710	4,683	5,00	305
Obusier de 0 ,22 n° 1..........	0,2187	7,075	3,75	288	0,2202	4,804	3,50	358
Obusier de 0 ,22 n° 2.........;	....	....	....	....	Idem.	Idem.	3,00	334
Obusier de 0 ,22 n° 3..........					Idem.	Idem.	2,00	272
Obusier de 12 (montagne) (1)....	....	....	....	....	0,1185	4,778	0,270	290
Pierrier de 1 (2)..............	0,505	7,323	0,130	360				
Espingole de 1 (1)............	Idem.	Idem.	0,050	200				

(1) Les valeurs attribuées aux vitesses initiales des projectiles lancés par ces trois bouches à feu sont un peu incertaines.

On a constamment supposé $n = 0$. Quant à la valeur h, on l'a prise égale à 0,0025 pour les boulets massifs et à 0,0027 pour les projectiles creux.

6

§ 29.

TABLEAU GÉNÉRAL DES DÉVIATIONS MOYENNES DES PROJECTILES LANCÉS PAR LES BOUCHES À FEU DE L'ARTILLERIE NAVALE.

BOUCHES à feu.	PROJECTILES.	CHARGE.	DISTANCES. (Mètres.)										
			600.	800.	1,000.	1,200.	1,400.	1,600.	1,800.	2,000.	2,200.	2,400.	2,600.
Canon de 30 long	Boulets massifs..	$5^{k},00$	1^m0	1^m9	3^m1	4^m7	6^m7	9^m1	12^m0	15^m5	19^m6	24^m5	
		3,75	1,1	2,0	3,3	5,0	7,1	9,6	12,7	16,4	20,8	25,9	
		2,50	1,2	2,2	3,7	5,5	7,8	10,6	14,0	18,1	22,9	28,5	
	Boulets creux.	3,75	1,5	2,8	4,6	7,1	10,3	14,3	19,3	25,5	33,1	42,3	
		2,50	1,6	3,1	5,1	7,8	11,2	15,7	21,2	28,0	36,3		
Canon de 30 court	Boulets massifs.	5,00	1,1	2,0	3,2	4,8	6,8	9,3	12,2	15,8	20,0	24,0	
		3,75	1,2	2,1	3,4	5,1	7,2	9,8	12,9	16,7	21,1	26,3	
		2,50	1,2	2,3	3,7	5,6	7,9	10,8	14,2	18,4	23,2	29,0	
	Boulets creux.	3,75	1,5	2,8	4,7	7,2	10,4	14,5	19,6	25,9	33,6		
		2,50	1,6	3,1	5,1	7,9	11,4	15,9	21,5	28,4	36,8		
Canon-obusier de 30	Boulets massifs.	2,00	1,3	2,4	3,9	5,8	8,3	11,3	14,9	10,2	24,3	27,0	
		2,00	1,8	3,3	5,5	8,5	12,3	17,1	23,1	30,6	39,6		
	Boulets creux.	1,50	1,9	3,7	6,1	9,3	13,5	18,8	25,4	33,6			
Caronade de 30	Boulets massifs.	1,60	1,4	2,7	4,3	6,5	9,2	12,5	16,5	21,3	27,0		
	Boulets creux.	1,60	2,1	3,9	6,4	9,8	14,3	19,9	26,8	35,5			
Canon de 24	Boulets massifs.	3,92	1,1	2,1	3,4	5,1	7,2	9,9	13,1	16,6	21,6		
		2,94	1,2	2,2	3,6	5,5	7,7	10,5	13,9	17,6	22,9		
		1,96	1,3	2,4	4,0	5,9	8,5	11,6	15,4	19,4	25,3		
Caronade de 24	Boulets massifs.	1,30	1,6	2,9	4,7	7,1	10,1	13,2	18,3	23,1	30,1		
Canon de 18 long	Boulets massifs.	2,94	1,2	2,2	3,7	5,5	7,9	10,9	14,5	18,9			
		2,20	1,3	2,4	3,9	5,9	8,4	11,6	15,4	20,1			
		1,47	1,4	2,6	4,3	6,5	9,3	12,8	17,1	22,2			

BOUCHES à feu.	PROJECTILES.	CHARGE.	DISTANCES. (Mètres.)										
			600.	800.	1,000.	1,200.	1,400.	1,600.	1,800.	2,000.	2,200.	2,400.	2,600.
Canon de 18 court.....	Boulets massifs.	2^k94	1^m2	2^m2	3^m7	5^m6	8^m1	11^m1	14^m8	19^m2			
		2,20	1,3	2,4	4,0	6,0	8,6	11,8	15,7	20,4			
		1,47	1,4	2,7	4,4	6,6	9,4	12,9	17,3	22,5			
Caronade de 18........	Boulets massifs.	1,00	1,7	3,5	5,2	7,9	11,4	15,6	20,8	27,1			
Canon de 12.	Boulets massifs.	2,00	1,3	2,4	4,0	6,1	8,8	12,2	16,4	21,6	27,9	35,4	
Caronade de 12........	Boulets massifs.	0,65	1,9	3,5	5,7	8,8	11,6	17,5	23,6				
Obusier de 0^m27.....	Boulets creux.	5,00	1,4	2,6	4,1	6,2	8,7	11,8	15,6	20,0	25,1	31,1	38,1
Obusier de 0^m22 n° 1...	Boulets massifs.	3,50	0,7	1,5	2,5	3,7	5,1	6,8	9,1	11,7			
	Boulets creux.	3,50	1,5	2,7	4,4	6,6	9,4	12,9	17,1	22,1	28,1	35,1	43,3
Obusier de 0^m22 n° 2...	Boulets creux.	3,00	1,6	2,9	4,7	7,1	10,1	13,8	18,3	23,7	30,0	47,4	
Obusier de 0^m22 n° 3...	Boulets creux.	2,00	1,9	3,5	5,8	8,7	12,4	16,9	22,5	29,1	37,0		

BOUCHES à feu en bronze.	PROJECTILE.	CHARGE.	DISTANCES. (Mètres.)				
			200.	400.	600.	800.	1,000.
Obusier de 12 (montagne).	Obus....	0^k27	0^m4	1^m5	3^m7	7^m2	12^m3
Pierrier de 1.	Boulets massifs..	0,13	0,5	1,9	4,9	10,0	18,0
Espingole de 1........	Boulets massifs..	0,05	0,8	3,5	8,8	18,0	32,0

(Cette table comprend toutes les bouches à feu actuellement employées dans l'artillerie navale.)

§ 30.

REMARQUES RELATIVES À LA TABLE DU PARAGRAPHE PRÉCÉDENT.

D'après ce qui a été dit dans le § 27, on peut considérer la table précédente comme donnant non-seulement les déviations latérales, mais encore les déviations verticales.

Les données d'après lesquelles ces tables ont été construites peuvent faire soupçonner que les valeurs attribuées aux déviations sont un peu trop fortes ; mais il n'en saurait résulter aucun inconvénient sérieux dans les applications ; car, bien certainement, dans le tir ordinaire, les déviations seront généralement plus considérables que les valeurs indiquées par la table.

Il ne faudrait pas, d'ailleurs, donner aux praticiens une idée exagérée de la justesse du tir ; ce serait les exposer à des mécomptes dont les suites pourraient être funestes.

Lorsqu'on voudra corriger cette table, qui n'est, après tout, qu'un premier essai, il sera nécessaire de recueillir préalablement un nombre de faits extrêmement considérable. C'est ce qui a été établi dans le § 6. On serait bientôt induit en erreur si on se hâtait de tirer des conclusions de quelques tirs particuliers, dans lesquels il n'est pas probable que les intensités et les inclinaisons des forces déviatrices soient variées de telle sorte qu'on obtienne précisément leur effet moyen.

Ces forces dépendent d'ailleurs de l'état des projectiles, et peuvent varier avec la fabrication.

LA TABLE PEUT ÊTRE ADOPTÉE POUR LE TIR À LA MER.

Les expériences, exécutées cette année (1843) sur un canon de 30 long et un obusier de de $0^m,22$ n° 1, placés à bord d'un ponton, montrent suffisamment que la table précédente peut être admise pour le tir à la mer, du moins lorsque le pointeur est doué d'une certaine habileté.

Il semble donc que le mouvement du navire n'exerce que très-peu d'influence sur les déviations moyennes.

Si l'on imagine un plan vertical mené par le point à battre perpendiculairement à la ligne de tir, la déviation moyenne indiquera la distance moyenne du point à battre aux divers points où le plan sera percé par le projectile.

§ 31.

DÉVIATIONS EXTRÊMES.

L'expérience prouve que les déviations latérales extrêmes surpassent le double des déviations moyennes. Elles dépendent du concours de plusieurs circonstances : il faut que la force déviatrice ait sa plus grande valeur, qu'elle soit horizontale, et qu'elle agisse dans le sens de l'écart initial, qui doit être aussi le plus grand possible.

Si la déviation moyenne ne dépend que de la force déviatrice, il n'en est pas de même de la justesse d'un coup isolé; alors l'influence de l'écart initial reparaît, et, par suite, celles qu'exercent le coup d'œil et l'habileté du pointeur.

L'influence du vent du boulet se fait également sentir; en effet, l'écart initial doit augmenter en même temps que la différence du diamètre de l'âme et du projectile.

L'emploi d'une charge trop forte peut être nuisible à la justesse du tir, du moins lorsque la bouche à feu est très-légère. L'ébranlement de la pièce, étant alors fort sensible avant la sortie du projectile, influe nécessairement sur la direction initiale de ce dernier.

§ 33.

CONSIDÉRATIONS SUR LES DÉVIATIONS DES BOMBES.

Dans les trajectoires décrites par les bombes, on peut se représenter la force déviatrice moyenne comme une force ψ située dans le plan normal à la courbe, et faisant un certain angle θ avec le rayon de courbure.

A cause de la petitesse de l'intensité ψ, il est permis de regarder le plan normal comme perpendiculaire à la ligne de tir.

La force peut être décomposée en deux : l'une, horizontale φ sin. θ, produit la déviation latérale moyenne; l'autre, φ cos. θ, est dirigée suivant le rayon de courbure et produit dans ce sens une déviation, laquelle, étant divisée par le sinus de l'angle de chute, donne la déviation moyenne longitudinale ou en portée.

D'après ce qui précède, on peut supposer que l'intensité φ est proportionnelle à la vitesse du mobile.

Si l'angle θ était égal à 45°, les deux composantes φ sin. θ et φ cos. θ seraient égales entre elles; mais il n'en serait pas de même des déviations latérale et longitudinale; l'angle de chute étant toujours plus petit que 90° : la première aurait la moindre valeur.

Toutefois, lorsque les bombes s'élèveraient à des hauteurs de plus en plus grandes, l'angle de chute se rapprochant de 90°, le rapport des deux déviations convergerait vers l'unité.

Mais cette hypothèse de $\theta = 45°$, admissible dans le tir surbaissé, ne l'est peut-être pas lorsqu'il s'agit de trajectoires élevées décrites par la bombe.

Plusieurs faits semblent indiquer que, si la déviation longitudinale est la plus grande dans le cas où la hauteur du jet est faible, le contraire arrive quand la bombe s'élève à une hauteur considérable.

On serait conduit à adopter une semblable opinion, en examinant avec attention un tableau d'expériences rapporté par M. le lieutenant-colonel Piobert, dans le premier volume de son Traité d'artillerie, page 201. Il convient cependant d'ajouter que l'auteur n'en tire pas une pareille conclusion.

Le mortier étant incliné à 45° :

BOUCHES A FEU.			DISTANCES. (Mètres.)											
			100.	200.	300.	400.	500.	600.	700.	800.	1,000.	1,200.	1,400	1,600.
Obus de 0,1635 (6°).	Déviation moyenne	latérale.....	0m7	1m8	3m3	6m1	10m0	15m0	20m0	26m0	39m0	55m0	73m0	96m0
		longitudinale.	3,2	6,2	8,5	11,0	13,0	15,0	17,0	19,0	23,0	29,0	40,0	53,0
Obus de 0,149 ou de 24.	Déviation moyenne	latérale......	1,0	2,5	5,0	7,5	11,0	15,0	20,0	24,0	35,0	50,0	70,0	93,0
		longitudinale.	3,0	7,0	11,0	15,0	18,0	22,0	26,0	30,0	39,0	50,0	60,0	70,0

A la distance de 600 mètres, les déviations longitudinale et latérale des obus de $0^m,1635$ sont égales. En deçà, la déviation longitudinale l'emporte ; au delà, la supériorité appartient à la déviation latérale.

Quant aux obus de $0^m,149$, l'égalité des deux déviations n'a lieu qu'à la distance de 1,200 mètres. Aux distances inférieures, la déviation longitudinale est la plus grande ; le contraire arrive aux distances supérieures.

Les mêmes circonstances se sont encore reproduites, quoique d'une manière moins sensible, dans les expériences exécutées, en 1840, sur le mortier de $0^m,32$. (Expériences de Gavre, 3e section, page 180.)

NOTE.

On se propose, dans cette note, de comparer la table de déviations du $ 29 avec les résultats obtenus dans d'autres expériences.

M. le lieutenant-colonel Piobert, dans le premier volume de son Traité d'artillerie, donne le tableau suivant, auquel d'ailleurs il ne joint aucune réflexion.

DÉVIATIONS MOYENNES LATÉRALES DES BOULETS MASSIFS.

BOUCHES A FEU.		DISTANCES. (Mètres.)												OBSERVATIONS
		500.	600.	800.	1,000.	1,200.	1,400.	1,600.	1,800.	2,000.	2,200.	2,400.	2,600.	
		EXPÉRIENCES DE L'AN XI.												
Canons de.....	24	0m5	0m8	1m4	2m0	2m8	3m8	4m9	6m4	8m4	11m0	14m4	19m	La charge n'est pas indiquée.
	16	0,5	0,8	1,7	2,3	3,6	5,2	7,2	9,7	13,0	17,2	22,0	25	
	6	0,5	0,8	1,7	3,2	5,1	7,4	10,2	15,0	22,5	32,5	43,0	"	
		EXPÉRIENCES DE 1833.												
Canons de campagne de.	12	1,63	"	4,6	"	7,0	"	"	"	"	"	"	"	La charge était du 1/3 du poids du boulet.
	8	2,30	"	7,0	"	9,0	"	"	"	"	"	"	"	

Pour les boulets de 12, la déviation du tableau surpasse celle que donne la table du § 29, canon de 12, charge 2 kilogrammes ; toutefois, à la distance de 1,200 mètres, la différence n'est que de 0^m,9.

Mais la déviation des boulets de 24, et même de 16, déduite des expériences de l'an XI, est très-inférieure à celle que donne la table pour les boulets de 30.

Dans l'absence de tout renseignement sur la manière dont le tableau a été formé, il n'est pas possible d'assigner les causes de ces différences.

On fera observer cependant que les expériences de l'an XI ne paraissent pas d'accord avec celles de 1843 ; car, quelles que soient les différentes charges employées pour les boulets de 6, on ne peut guère admettre que les déviations de ces projectiles soient inférieures à celles des boulets de 12, lancés par les canons de campagne, avec la charge de 1^k,96.

On trouve encore, à la page 127 de l'ouvrage de M. le lieutenant-colonel Piobert, le tableau suivant :

DÉVIATIONS LATÉRALES MOYENNES DES OBUS.

BOUCHES A FEU.		DISTANCES. (Mètres.)									
		600.	800.	1,000.	1,200.	1,400.	1,600.	1,800.	2,000.	2,200.	2,400.
EXPÉRIENCES DE LA FÈRE 1826.											
Obusier de 0^m,16, en bronze.	long......	2^m3	4^m0	6^m4	10^m0	16^m	22^m0	31^m	41^m		
	court.....	3,1	5,5	9,3	14,2	21	30,0	41			
Obusier de 0^m,15 ou de 24, en bronze.	long......	3,2	5,2	8,7	13,6	20	28,5	39			
	court.....	3,8	6,9	11,0	16,6	26	37,5				
EXPÉRIENCES DE LA FÈRE 1830.											
Obusier de côte de 0^m22, charge 3 kilog.		1,0	3,0	5,0	9,0	14	20,5	29,5	40	51^m	65^m

Les charges dont on fait habituellement usage avec l'obusier long de 0^m,16, sont de 1 kilogramme et de 0^k,75. Les déviations relatives à cette bouche à feu, et rapportées dans le tableau précédent, ne diffèrent pas beaucoup de celles que donne la table du § 29, pour le tir à obus du canon-obusier de 30 avec la charge de 1^k,50 ; toutefois, elles leur sont supérieures. On sait que les dimensions intérieures des deux pièces n'offrent que de très-légères différences.

L'obusier de 0^m,22 destiné à la défense de côtes se rapproche beaucoup, par son poids et ses dimensions intérieures, de l'obusier de 0^m,22 n° 2. Lorsque la charge est de 3 kilogrammes, les déviations moyennes relatives à l'une et à l'autre bouche à feu doivent être à peu près les mêmes. Le tableau précédent et la table du § 29 donnent en effet des valeurs peu différentes, tant que la distance est inférieure à 1,000 mètres ; mais, au delà, les déviations de la Fère l'emportent sur celles de Gavre. Il est vrai que les obus employés à la Fère ne pesaient que 24 kilogrammes, tandis que le poids des obus de la marine est de 26ᵏ,500.

Il résulte de ces rapprochements que les déviations données par la table du § 29 sont généralement inférieures à celles qui sont déduites des expériences les plus récentes exécutées par l'artillerie de terre.

FIN.

COMPARAISON DE LA DIRECTION MOYENNE DU TIR A LA DIRECTION DU VENT.

Canon de 30 long.—Boulets massifs.—Charge 5ᵏ.00.

Obusier de 0ᵐ22, N°1.—Boulets creux.—Charge 3ᵏ50.

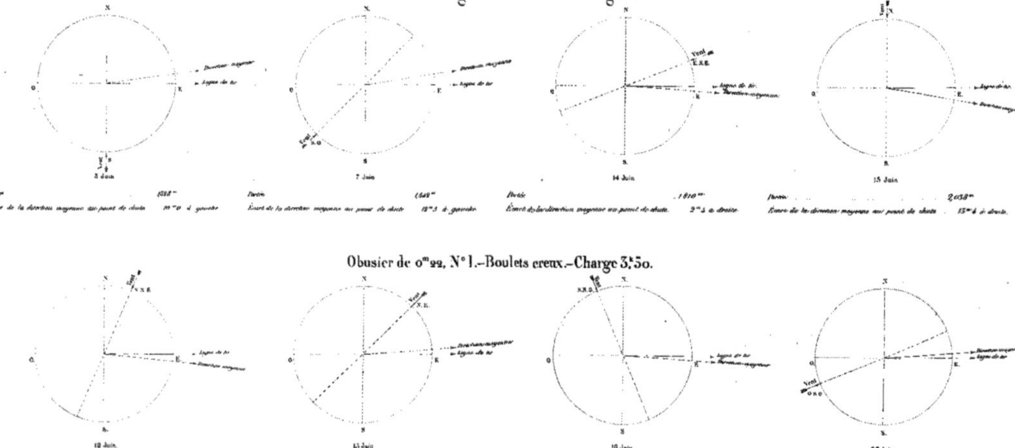

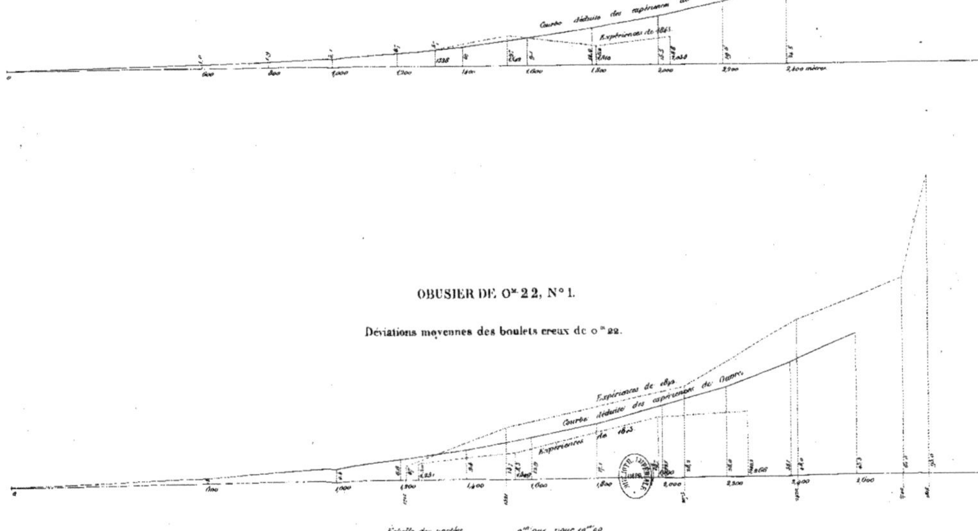

CANON DE 30 LONG.
Déviations moyennes des boulets massifs. Charge 5ᵏ 00.
OBUSIER DE 0ᵐ 22, N° 1.
Déviations moyennes des boulets creux de 0ᵐ 22.
Echelle des portées
Echelle des déviations